Ex-Mannequins

Du même auteur*

Certaines œuvres sont connues sous différents titres.

Romans

Le Roman de la Révolution Numérique
La Faute à Souchon : (Le roman du show-biz et de la sagesse)
Quand les familles sans toit sont entrées dans les maisons fermées
Liberté j'ignorais tant de Toi (Libertés d'avant l'an 2000)
Viré, viré, viré, même viré du Rmi !
Ils ne sont pas intervenus (Peut-être un roman autobiographique)

Théâtre

Neuf femmes et la star
Les secrets de maître Pierre, notaire de campagne
Ça magouille aux assurances
Chanteur, écrivain : même cirque
Deux sœurs et un contrôle fiscal
Amour, sud et chansons
Pourquoi est-il venu :
Aventures d'écrivains régionaux
Avant les élections présidentielles
Scènes de campagne, scènes du Quercy
Blaise Pascal serait webmaster
Trois femmes et un Amour
J'avais 25 ans
« Révélations » sur « les apparitions d'Astaffort » Brel Cabrel

Théâtre pour troupes d'enfants

La fille aux 200 doudous
Les filles en profitent
Révélations sur la disparition du père Noël
Le lion l'autruche et le renard,
Mertilou prépare l'été
Nous n'irons plus au restaurant

* extrait du catalogue, voir page 29

4

Stéphane Ternoise

Ex-Mannequins

Sortie : 15 avril 2014

Jean-Luc Petit éditeur / Collection Théâtre

Stéphane Ternoise versant dramaturge :

http://www.dramaturge.fr

Tout simplement et logiquement !

Site officiel : http://www.ecrivain.pro

Stéphane Ternoise

Ex-Mannequins

Ex-Mannequins, deux courtes pièces.
Déjà présentées en recueils sous le titre *"Des vies après l'étape mannequin."*
« Que deviennent les mannequins vedettes à quarante ans ? » pourrait constituer la question centrale de la première, avec deux élégantes femmes. Futilités ou philosophie ?
Elles sont observées dans l'autre versant de cette analyse par deux hommes devenus riches "par hasard."
Deux femmes ou deux femmes et deux hommes.
Un quart d'heure ou une vingtaine de minutes pour passer du superficiel aux questions essentielles d'une vie...

Paris

8

Ex-Mannequins

Pièce éducative en un acte court

Distribution : deux femmes

Que vivre quand on fut un mannequin vedette ? On est qui, on est quoi à quarante ans ?
Ce que l'on a voulu ? L'aisance et la notoriété sont des buts ou des moyens ?

Deux personnages :
Une brune et une blonde, la quarantaine resplendissante, ex-mannequins, conversent. Rencontre fortuite ou rendez-vous ? Pièce meublée avec soin et goût qui peut être le salon d'un hôtel ou un salon officiel.

Ma première lectrice a osé demander si ces personnages étaient une projection de Carla B et Claudia S !

Lot-et-Garonne

Acte 1

La blonde : - … Tu sais qu'il mettait la principauté à mes pieds. Et son père était d'accord.

La brune : - Je t'avais encouragée à refuser. On connaissait son passé. Tu en aurais souffert, de ses besoins… sentimentaux. Mais quand même, aujourd'hui que je suis première dame, quelle rencontre au sommet ça aurait donné !

La blonde : - Je t'avoue avoir été surprise de ton accord. Surtout en repensant à la manière dont tu méprisais ce milieu.

La brune : - À cette époque, première dame, jamais je ne l'aurais imaginé. Même compagne de ministre. Seuls m'intéressaient les acteurs et les rochers… oh le lapsus !… les rockers !

La blonde : - Alors, pourquoi ? Comment s'est déroulée ta métamorphose mentale ?

La brune : - C'est une évolution finalement logique : les rockers et les acteurs sont de perpétuels inquiets. Ils te rendent la vie impossible. Ils pensent tous détenir l'originalité la plus exceptionnelle. Ils ne sont qu'adolescents attardés, assez ridicules même. On s'en lasse ! Toi aussi tu t'en es lassée !

La blonde : - Très rapidement même !

La brune : - Alors que les politiques ont une force, ils savent entraîner. Même à moins de

20% d'opinion favorable dans les sondages, ils restent persuadés d'être l'homme qu'il faut à ce pays. Ils m'épatent !

La blonde : - Et c'est ce qui te plaît ?

La brune : - À notre âge, nous avons fait le tour des hommes. On ne nous bluffe plus avec quelques belles phrases et des diamants de dix carats. On regarde de haut ces dragueurs d'aéroports et réceptions, on les laisse aux petites donzelles déstabilisées par trois galanteries et de vagues promesses.

La blonde : - Le syndrome Ariane de *Belle du Seigneur* !

La brune : - J'ignorais que cela porta ce nom ! Je le replacerai ! Les rêveurs en public, on sait comment ils se comportent en privé, passés les premiers jours d'euphorie de leur nouvelle conquête. J'avais besoin d'un homme sur lequel m'appuyer, m'appuyer vraiment.

La blonde : - Tu semblais heureuse, pourtant, avec ton philosophe.

La brune : - Oui… Je l'ai été… Mais il me manquait quelque chose… le public je crois. Avant lui je m'étais enfermée 24 heures, volets fermés et portables éteints, et j'avais pris ma décision : ce serait un philosophe ou un politique. Mais j'avais encore besoin d'un vrai public. Donc ensuite ce fut une décision évidente. Sa proposition est vraiment tombée à pic.

La blonde : - Tu en as quand même été surprise et flattée ?

La brune : - Naturellement, sa proposition

n'est pas venue par hasard ! Les hommes sont de grands enfants : ils pensent toujours qu'on leur dit oui alors que c'est nous qui les avons choisis.

La blonde : - Donc la version officielle est légèrement différente de la réalité ?

La brune : - Comme toujours !

La blonde : - Raconte !

La brune : - Il m'a invitée au restaurant quand un ami discret et efficace le lui a suggéré. Je ne t'en dirai pas plus... il te suffit de regarder les récentes nominations pour deviner le nom de ce cher ami.

La blonde : - Je t'avoue avoir imaginé un scénario de ce genre quand la nouvelle m'est parvenue par canal ex-mannequins !

La brune : - Ça reste entre nous, naturellement. Le peuple a besoin d'une version officielle où le souverain est souverain même en amour !

La blonde : - Et maintenant ?

La brune : - Je souhaite vieillir au côté de mon mari.

La blonde : - Vraiment !

La brune : - Parfaitement ! Et toi ?

La blonde : - Je souhaite vieillir au côté de mon mari.

La brune : - C'est vrai !?

La blonde : - Bin oui, je suis bien comme jamais.

La brune : - Ça me fait plaisir de le savoir, je te pensais déprimée, on ne te voit plus dans les médias.

La blonde : - Pourquoi me montrerais-je ?

La brune : - Ça ne te manque pas, la montée d'adrénaline, la une des news, sentir les vibrations, les désirs ?

La blonde : - C'est peut-être là, notre grande différence...

La brune : - Là, où ?

La blonde : - Tu es née riche et moi pauvre, même si je ne manquais de rien.

La brune : - Et alors ?

La blonde : - Je suis devenue mannequin quand on me l'a proposé. Puis j'ai vu que ça me permettait de m'en sortir, d'avoir une autre vie, plus intéressante que la banale à laquelle je semblais condamnée en naissant loin de tout.

La brune : - Alors que moi, je dois rester la fille de riches à laquelle on a tout donné ?

La blonde : - Toi, ce fut un choix. Et tu avais une famille pour t'encadrer, alors que j'ai dû me blinder.

La brune : - Tu réécris la lutte des classes ?

La blonde : - Les philosophes, plutôt que de les prendre à mon bras, je les ai préférés dans ma tête.

La brune : - Tu veux être désagréable ? Moi aussi j'ai lu.

La blonde : - Je sais. Mais pour moi ce fut vital. Toute ma carrière, j'étais sur la corde raide. Si j'étais tombée, il n'y aurait eu personne pour me soutenir et me laisser un peu de repos sur un lit douillet.

La brune : - Tu crois que tout fut facile pour moi ?

La blonde : - C'est difficile pour tout le monde. Mais tu vois bien qu'à 40 ans, nous n'avons plus du tout les mêmes envies.

La brune : - Mais si : finir notre vie avec l'homme qui nous plaît.

La blonde : - Mais tu avais besoin d'un homme qui te maintienne dans la lumière alors que je cherchais l'ombre, pour aller au cœur des choses.

La brune : - Je ne suis pas d'accord avec toi. J'aime être première dame du pays mais un mandat me suffirait amplement. Nous avons d'autres choses à faire ensuite.

La blonde : - Mais oui : une fondation mondiale, des conférences, un tour du monde avec naturellement des escales humanitaires... et un jour il sera candidat à la présidence de l'Europe, monsieur ton mari.

La brune : - Ne va pas lui souffler cela ! Il pourrait y penser plus souvent qu'en se rasant !

La blonde : - Tu sais, ce n'est pas une critique, c'est juste un constat : nous ne recherchons plus les mêmes choses et je vois que tu as trouvé ce que tu cherchais, c'est bien, et tu es resplendissante.

La brune : - Merci... toi aussi... pourtant je crois que nous cherchons à peu près la même chose, comme à vingt-cinq ans : à ne pas nous ennuyer, à bouger pour oublier que l'on va mourir, même nous.

La blonde : - Je l'ai cherché. Mais je suis ailleurs. J'ai compris… qu'on nous donne la vie à une condition : il faudra la quitter.

La brune : - Et ça ne te scandalise plus ?

La blonde : - Avoir peur de mourir, c'est refuser la vie telle qu'elle est.

La brune : - Tu es devenue croyante ?

La blonde : - Je ne me pose pas la question ! Qu'un Dieu existe ou non, ça ne me concerne pas ! Même en suivant tous les raisonnements, j'en suis arrivée à comprendre que soit la mort sera la fin totale, donc il me faut vivre la vie au présent, ou soit quelque chose survivra, et alors il faut vivre la vie au présent car même les religieux ne prétendent pas que le corps survive. Dans cet hypothétique autrement, il sera toujours temps d'y penser, si ça arrive !

La brune : - Mais vivre pour préparer son au-delà ?

La blonde : - Je ne me pose pas de questions auxquelles je ne peux pas répondre.

La brune : - Tu sais, la mort de mes proches reste ma plus grande blessure.

La blonde : - J'ai aussi ces blessures. Mais elles ne saignent plus. J'ai accepté notre condition humaine.

La brune : - Tu étudies alors.

La blonde : - Oui, la philosophie antique m'a beaucoup éclairée, même au sujet des religions. J'ai observé comment elles sont nées.

La brune : - Tu as beaucoup changé.

La blonde : - Merci.

La brune : - Tu ne crois pas que beaucoup changer, c'est se renier.

La blonde : - Il ne faut pas s'excuser de s'être trompé. Nous naissons dans l'ignorance et devons apprendre. Cela ne se fait pas sans erreur.

La brune : - Pourquoi n'animes-tu pas des shows philosophiques, tu ferais un buzz énorme !

La blonde : - La philosophie, ce n'est pas montrer que l'on philosophe, c'est philosopher vraiment, donc vivre en phase avec ses pensées.

La brune : - Tu m'excuseras, j'ai une obligation. Il faudra qu'on approfondisse le sujet. J'ai vraiment été très heureuse de te revoir.

La blonde : - Moi aussi et embrasse ton mari.

La brune : - Toi aussi.

Elles se lèvent, s'embrassent et sortent par les portes opposées.

Rideau – FIN

Lot

18

Ex-Mannequins

Pièce éducative en un acte court

Distribution : deux femmes, deux hommes

Que vivre quand on fut un mannequin vedette ? On est qui, on est quoi à quarante ans ?
Ce que l'on a voulu ? L'aisance et la notoriété sont des buts ou des moyens ?

Une brune et une blonde, la quarantaine resplendissante, ex-mannequins, conversent. Rencontre fortuite ou rendez-vous ? Pièce meublée avec grand luxe et goût : le salon d'un hôtel très haut de gamme.
Ma première lectrice a osé demander si ces personnages étaient une projection de Carla B et Claudia S !
Dans le canapé voisin : deux hommes écoutent, se parlent un peu, et l'on se demande qui ils sont et comment ils sont arrivés là.

Acte 1

La blonde : - ... Tu sais qu'il mettait la principauté à mes pieds. Et son père était d'accord.

La brune : - Je t'avais encouragée à refuser. On connaissait son passé. Tu en aurais souffert, de ses besoins... sentimentaux. Mais quand même, aujourd'hui que je suis première dame, quelle rencontre au sommet ça aurait donné !

La blonde : - Je t'avoue avoir été surprise de ton accord. Surtout en repensant à la manière dont tu méprisais ce milieu.

La brune : - À cette époque, première dame, jamais je ne l'aurais imaginé. Même compagne de ministre. Seuls m'intéressaient les acteurs et les rochers... oh le lapsus !... les rockers !

La blonde : - Alors, pourquoi ? Comment s'est déroulée ta métamorphose mentale ?

La brune : - C'est une évolution finalement logique : les rockers et les acteurs sont de perpétuels inquiets. Ils te rendent la vie impossible. Ils pensent tous détenir l'originalité la plus exceptionnelle. Ils ne sont qu'adolescents attardés, assez ridicules même. On s'en lasse ! Toi aussi tu t'en es lassée !

La blonde : - Très rapidement même !

La brune : - Alors que les politiques ont une force, ils savent entraîner. Même à moins de 20% d'opinion favorable dans les sondages, ils restent persuadés d'être l'homme qu'il faut à ce pays. Ils m'épatent !

La blonde : - Et c'est ce qui te plaît ?

La brune : - À notre âge, nous avons fait le tour des hommes. On ne nous bluffe plus avec quelques belles phrases et des diamants de dix carats. On regarde de haut ces dragueurs d'aéroports et réceptions, on les laisse aux petites donzelles déstabilisées par trois galanteries et de vagues promesses.

La blonde : - Le syndrome Ariane de *Belle du Seigneur !*

La brune : - J'ignorais que cela porta ce nom ! Je le replacerai ! Les rêveurs en public, on sait comment ils se comportent en privé, passés les premiers jours d'euphorie de leur nouvelle conquête. J'avais besoin d'un homme sur lequel m'appuyer, m'appuyer vraiment.

La blonde : - Tu semblais heureuse, pourtant, avec ton philosophe.

Homme 1 : - Tu crois vraiment que ce sont elles ?

Homme 2 : - Forcément ! On nous a bien dit qu'ici on croiserait uniquement le haut du panier.

Homme 1 : - J'ai des difficultés à en croire mes yeux ! Y'a six mois j'étais prof vacataire dans un collège.

Homme 2 : - Et moi, y'a trois mois, leur pôle emploi me proposait un boulot de livreur à cinquante kilomètres de chez moi ! Et la petite pépette me menaçait de radiation si je refusais.

Homme 1 : - Encore une, avec son salaire de fonctionnaire, elle ne mettra jamais les pieds ici.

La brune, *elle réfléchit tandis qu'ils parlent* : - Oui... heureuse... Je l'ai été... Mais il me manquait quelque chose... le public, je crois. Avant lui je m'étais enfermée 24 heures, volets fermés et portables éteints, et j'avais pris ma décision : ce serait un philosophe ou un politique. Mais j'avais encore besoin d'un vrai public. Donc ensuite ce fut une décision évidente. Sa proposition est vraiment tombée à pic.

La blonde : - Tu en as quand même été surprise et flattée ?

La brune : - Naturellement, sa proposition n'est pas venue par hasard ! Les hommes sont de grands enfants : ils pensent toujours qu'on leur dit oui alors que c'est nous qui les avons choisis.

La blonde : - Donc la version officielle est légèrement différente de la réalité ?

La brune : - Comme toujours !

La blonde : - Raconte !

La brune : - Il m'a invitée au restaurant quand un ami discret et efficace le lui a suggéré. Je ne t'en dirai pas plus... il te suffit de regarder les récentes nominations pour deviner le nom de ce cher ami.

La blonde : - Je t'avoue avoir imaginé un scénario de ce genre quand la nouvelle m'est parvenue par canal ex-mannequins !

La brune : - Ça reste entre nous, naturellement. Le peuple a besoin d'une version officielle où le souverain est souverain même en amour !

Homme 2 : - On m'a dit que je rencontrerai naturellement l'amour.

Homme 1 : - On me l'a dit aussi.

Homme 2 : - Et même avec une femme de notre milieu, de notre nouveau milieu.

Homme 1 : - De toute manière, les femmes qui ne voulaient pas de nous avant, ce serait juste pour notre argent. Tandis que là, ce sera de l'amour entre personnalités sans soucis financiers.

Homme 2 : - C'est génial de savoir qu'on peut dépenser chaque jour ce qu'on gagnait peut-être même pas en un an.

La blonde : - Et maintenant ?

La brune : - Je souhaite vieillir aux côtés de mon mari.

La blonde : - Vraiment !

La brune : - Parfaitement ! Et toi ?

La blonde : - Je souhaite vieillir aux côtés de mon mari.

La brune : - C'est vrai !?

La blonde : - Bin oui, je suis bien comme jamais.

La brune : - Ça me fait plaisir de le savoir, je te pensais déprimée, on ne te voit plus dans les médias.

La blonde : - Pourquoi me montrerais-je ?

La brune : - Ça ne te manque pas, la montée d'adrénaline, la une des news, sentir les vibrations, les désirs ?

La blonde : - C'est peut-être là, notre grande différence...

La brune : - Là, où ?

La blonde : - Tu es née riche et moi pauvre, même si je ne manquais de rien.

La brune : - Et alors ?

La blonde : - Je suis devenue mannequin quand on me l'a proposé. Puis j'ai vu que ça me permettait de m'en sortir, d'avoir une autre vie, plus intéressante que la banale à laquelle je semblais condamnée en naissant loin de tout.

Homme 1 : - Moi aussi, je me croyais condamné. Je me croyais fini.

Homme 2 : - Je tournais en rond.

La brune : - Alors que moi, je dois rester la fille de riches à laquelle on a tout donné ?

La blonde : - Toi, ce fut un choix. Et tu avais une famille pour t'encadrer, alors que j'ai dû me blinder.

La brune : - Tu réécris la lutte des classes ?

La blonde : - Les philosophes, plutôt que de les prendre à mon bras, je les ai préférés dans ma tête.

La brune : - Tu veux être désagréable ? Moi aussi j'ai lu.

La blonde : - Je sais. Mais pour moi ce fut vital. Toute ma carrière, j'étais sur la corde raide. Si j'étais tombée, il n'y aurait eu personne pour me soutenir et me laisser un peu de repos sur un lit douillet.

La brune : - Tu crois que tout fut facile pour moi ?

La blonde : - C'est difficile pour tout le monde. Mais tu vois bien qu'à 40 ans, nous n'avons plus du tout les mêmes envies.

La brune : - Mais si : finir notre vie avec l'homme qui nous plaît.

La blonde : - Mais tu avais besoin d'un homme qui te maintienne dans la lumière alors que je cherchais l'ombre, pour aller au cœur des choses.

La brune : - Je ne suis pas d'accord avec toi. J'aime être première dame du pays mais un mandat me suffirait amplement. Nous avons d'autres choses à faire ensuite.

La blonde : - Mais oui : une fondation mondiale, des conférences, un tour du monde avec naturellement des escales humanitaires... et un jour il sera candidat à la présidence de l'Europe, monsieur ton mari.

La brune : - Ne va pas lui souffler cela ! Il pourrait y penser plus souvent qu'en se rasant !

La blonde : - Tu sais, ce n'est pas une critique, c'est juste un constat : nous ne recherchons plus les mêmes choses et je vois que tu as trouvé ce que tu cherchais, c'est bien, et tu es resplendissante.

La brune : - Merci... toi aussi... pourtant je crois que nous cherchons à peu près la même chose, comme à vingt-cinq ans : à ne pas nous ennuyer, à bouger pour oublier que l'on va mourir, même nous.

La blonde : - Je l'ai cherché. Mais je suis ailleurs. J'ai compris... qu'on nous donne la vie à une condition : il faudra la quitter.

La brune : - Et ça ne te scandalise plus ?

La blonde : - Avoir peur de mourir, c'est refuser la vie telle qu'elle est.

La brune : - Tu es devenue croyante ?

La blonde : - Je ne me pose pas la question ! Qu'un Dieu existe ou non, ça ne me concerne pas ! Même en suivant tous les raisonnements, j'en suis arrivée à comprendre que soit la mort sera la fin totale, donc il me faut vivre la vie au présent, ou soit quelque chose survivra, et alors il faut vivre la vie au présent car même les religieux ne prétendent pas que le corps survive. Dans cet hypothétique autrement, il sera toujours temps d'y penser, si ça arrive !

La brune : - Mais vivre pour préparer son au-delà ?

La blonde : - Je ne me pose pas de questions auxquelles je ne peux pas répondre.

La brune : - Tu sais, la mort de mes proches reste ma plus grande blessure.

La blonde : - J'ai aussi ces blessures. Mais elles ne saignent plus. J'ai accepté notre condition humaine.

La brune : - Tu étudies alors.

La blonde : - Oui, la philosophie antique m'a beaucoup éclairée, même au sujet des religions. J'ai observé comment elles sont nées.

La brune : - Tu as beaucoup changé.

La blonde : - Merci.

La brune : - Tu ne crois pas que beaucoup changer, c'est se renier.

La blonde : - Il ne faut pas s'excuser de s'être trompé. Nous naissons dans l'ignorance et devons apprendre. Cela ne se fait pas sans erreur.

La brune : - Pourquoi n'animes-tu pas des shows philosophiques, tu ferais un buzz énorme !

La blonde : - La philosophie, ce n'est pas montrer que l'on philosophe, c'est philosopher vraiment, donc vivre en phase avec ses pensées.

La brune : - Tu m'excuseras, j'ai une obligation. Il faudra qu'on approfondisse le sujet. J'ai vraiment été très heureuse de te revoir.

La blonde : - Moi aussi, et embrasse ton mari.

La brune : - Toi aussi.

Elles se lèvent, s'embrassent et sortent par les portes opposées.

Homme 2 : - Tu as vu, elle (*la brune*) nous a regardés ! Je n'aurais jamais cru qu'elle nous aurait regardés !

Homme 1 : - Elle sait bien que si l'on est là, c'est qu'il y a une raison.

Homme 2 : - Ils t'ont expliqué aussi : les gens ne nous demanderont jamais d'où vient notre argent, ils savent que si on est là, c'est que l'on a les moyens.

Homme 1 : - Donc, nous sommes du même monde qu'eux !

Homme 2 : - Eh oui, avant on croyait qu'il faut faire des pieds et des mains pour parler à des gens comme ça, alors qu'il suffit d'être riche, plus que riche.

Homme 1 : - Dans mon milieu d'enseignants de gauche, les moralisateurs jugeaient malsain que chaque semaine je coche mes cases. Pour ces intellectuels, la fracture du monde se situaient dans le savoir alors que la vraie fracture, c'est celle du fric.

Homme 2 : - Au moins, chez nous, on savait qu'il n'y avait que ça, trouver les bons numéros, pour sortir de la galère.

FIN

Rideau

Stéphane Ternoise

Stéphane Ternoise est né en 1968. Il publie depuis 1991. Il est depuis son premier livre éditeur indépendant.

Dès 2004, il a proposé des livres numériques, en PDF. Mais c'est en 2011 seulement que les ventes dématérialisées ont démarré. Son catalogue numérique (depuis mi 2011 distribué par Immateriel) a ainsi rapidement dépassé celui du papier, grâce à des essais, des livres de photos... tout en continuant la lente écriture dans les domaines du théâtre et du roman. Depuis octobre 2013, et son « identifiant fiscal aux États-Unis », son catalogue papier tend à rattraper celui en pixels.
http://www.livrepapier.com ou
http://www.livrepixels.com

Il convient donc, de nouveau, d'aborder l'auteur sous le biais de l'œuvre. Ainsi, pour vous y retrouver, http://www.ecrivain.pro essaye de fournir une vue globale. Et chaque domaine bénéficie de sites au nom approprié :
http://www.romancier.net
http://www.dramaturge.net
http://www.essayiste.net

http://www.lotois.fr

Catalogue (le plus souvent en papier et numérique, parfois uniquement les pixels, le travail de mise en page papier demandant plus de temps que d'heures disponibles)

Romans : (http://www.romancier.net)
Le Roman de la révolution numérique.
Ils ne sont pas intervenus (le livre des conséquences) également en version numérique sous le titre *Peut-être un roman autobiographique*
La Faute à Souchon ? également sous le titre *Le roman du show-biz et de la sagesse (Même les dolmens se brisent)*
Liberté, j'ignorais tant de Toi également sous le titre Libertés d'avant l'an 2000)
Viré, viré, viré, même viré du Rmi
Quand les familles sans toit sont entrées dans les maisons fermées

Théâtre : (http://www.theatre.wf)
Théâtre pour femmes
Théâtre peut-être complet
La baguette magique et les philosophes
Quatre ou cinq femmes attendent la star
Avant les élections présidentielles
Les secrets de maître Pierre, notaire de campagne
Deux sœurs et un contrôle fiscal
Ça magouille aux assurances
Pourquoi est-il venu ?
Amour, sud et chansons
Blaise Pascal serait webmaster
Aventures d'écrivains régionaux
Trois femmes et un amour
La fille aux 200 doudous et autres pièces de théâtre pour enfants

« Révélations » sur « les apparitions d'Astaffort » Brel / Cabrel (les secrets de la grotte Mariette)

Photos : (http://www.france.wf)
Montcuq, le village lotois
Cahors, des pierres et des hommes. Photos et commentaires
Limogne-en-Quercy Calvignac la route des dolmens et gariottes
Saint-Cirq-Lapopie, le plus beau village de France ?
Saillac village du Lot
Limogne-en-Quercy cinq monuments historiques cinq dolmens
Beauregard, Dolmens Gariottes Château de Marsa et autres merveilles lotoises
Villeneuve-sur-Lot, des monuments historiques, un salon du livre... -Photos, histoires et opinions
Henri Martin du musée Henri-Martin de Cahors - Avec visite de Labastide-du-Vert et Saint-Cirq-Lapopie sur les traces du peintre
L'église romane de Rouillac à Montcuq et sa voisine oubliée, à découvrir - Les fresques de Rouillac, Touffailles et Saint-Félix

Livres d'artiste (http://www.quercy.pro)
Quercy : l'harmonie du hasard
Lot, livre d'art
Jésus, du Quercy
Les pommes de décembre
La beauté des éoliennes

Essais : (http://www.essayiste.net)
Le manifeste de l'auto-édition - Manifeste politico-littéraire pour la reconnaissance des écrivains

indépendants et une saine concurrence entre les différentes formes d'édition
Écrivains, réveillez-vous ? - La loi 2012-287 du 1er mars 2012 et autres somnifères
Le livre numérique, fils de l'auto-édition
Aurélie Filippetti, Antoine Gallimard et les subventions contre l'auto-édition - Les coulisses de l'édition française révélées aux lectrices, lecteurs et jeunes écrivains
Réponses à monsieur Frédéric Beigbeder au sujet du Livre Numérique (Écrivains= moutons tondus ?)
Comment devenir écrivain ? Être écrivain ? (Écrire est-ce un vrai métier ? Une vocation ? Quelle formation ?...)
Amour - état du sentiment et perspectives
Le guide de l'auto-édition numérique en France (Publier et vendre des ebooks en autopublication)
Copie privée, droit de prêt en bibliothèque : vous payez, nous ne touchons pas un centime - Quand la France organise la marginalisation des écrivains indépendants

Chansons : (http://www.parolier.info)
Chansons trop éloignées des normes industrielles
Chansons vertes et autres textes engagés
Chansons d'avant l'an 2000
Parodies de chansons - De Renaud à Cabrel En passant par Cloclo et Jacques Brel

En chti : (http://www.chti.es)
Canchons et cafougnettes (Ternoise chti)
Elle tiote aux deux chints doudous (théâtre)

Politique : (http://www.commentaire.info)

Ce François Hollande qui peut encore gagner le 6 mai 2012 ne le mérite pas

Nicolas Sarkozy : sketchs et Parodies de chansons

Bernadette et Jacques Chirac vus du Lot - Chansons théâtre textes lotois

Affaire Ségolène Royal - Olivier Falorni Ce qu'il faut en retenir pour l'Histoire - Un écrivain engagé, un observateur indépendant

François Fillon, persuadé qu'il aurait battu François Hollande en 2012, qu'il le battra en 2017

Notre vie (http://www.morts.info)

La trahison des morts : les concessions à perpétuité discrètement récupérées - Cahors, à l'ombre des remparts médiévaux, les vieux morts doivent laisser la place aux jeunes...

Cahors : Adèle et Marie Borie contre Jean-Marc Vayssouze-Faure - Appel à une mobilisation locale et nationale pour sauver les soeurs Borie...

Jeux de société

http://www.lejeudespistescyclables.com

La France des pistes cyclables - Fabriquer un jeu de société pour enfants de 8 à 108 ans

Le bon chemin pour Saint-Jacques-de-Compostelle

Autres :

La disparition du père Noël et autres contes

J'écris aussi des sketchs

Vive les poules municipales... et les poulets municipaux - Réduire le volume des déchets alimentaires et manger des oeufs de qualité

Œuvres traduites :

La fille aux 200 doudous :
- *The Teddy (Bear) Whisperer* (Kate-Marie Glover)
- Das Mädchen mit den 200 Schmusetieren (Jeanne Meurtin)
- Le lion l'autruche et le renard :
- How the fox got his cunning (Kate-Marie Glover)

- Mertilou prépare l'été :
- The Blackbird's Secret (Kate-Marie Glover)

- *La fille aux 200 doudous et autres pièces de théâtre pour enfants (les 6 pièces)*
- La niña de los 200 peluches y otras obras de teatro para niños (María del Carmen Pulido Cortijo)

Ex-Mannequins

Mentions légales

Tous droits de traduction, de reproduction, d'utilisation, d'interprétation et d'adaptation réservés pour tous pays, pour toutes planètes, pour tous univers.

Avant toute représentation, vous devez contacter l'auteur pour la demande d'autorisation.

Vous souhaitez jouer une pièce de l'auteur ?
http://www.ternoise.fr

Dépôt légal à la publication au format ebook du 15 avril 2014.

Imprimé par CreateSpace, An Amazon.com Company pour le compte de l'auteur-éditeur indépendant.
livrepapier.com

ISBN 978-2-36541-549-1
EAN 9782365415491
Ex-Mannequins de Stéphane Ternoise
© Jean-Luc PETIT - BP 17 - 46800 Montcuq - France

www.ingramcontent.com/pod-product-compliance
Lightning Source LLC
Chambersburg PA
CBHW060546030426
42337CB00021B/4463